HORST VON HARTLIEB · DIE FILMBESTIMMUNGEN DER JUGENDSCHUTZNOVELLE

Schriftenreihe der UFITA Heft 7
Archiv für Urheber-, Film-, Funk- und Theaterrecht
Herausgegeben von Dr. jur. Georg Roeber, München

Horst von Hartlieb, Frankfurt a. M.

DIE FILMBESTIMMUNGEN DER JUGENDSCHUTZ-NOVELLE

VERLAG FÜR ANGEWANDTE WISSENSCHAFTEN
BADEN-BADEN 1957

Druck: Bintz- und Dohany-Druck, Offenbach/Main.

Inhaltsverzeichnis

Vorwort

Die am 1. Oktober dieses Jahres in Kraft getretene Neufassung des Jugendschutzgesetzes enthält auch neue Bestimmungen für den Filmbesuch von Kindern und Jugendlichen. Sie bringen vor allem eine Änderung der Altersgrenzen und -gruppen, eine Neuformulierung der Prüfmaßstäbe und eine Änderung der Strafbestimmungen.

Die Jugendprüfung der Filme spielt für Öffentlichkeit und Filmwirtschaft eine bedeutsame Rolle. Es sei nur erwähnt, daß z. B. im Jahre 1956 44,5 % der ca. 500 bei der Freiwilligen Selbstkontrolle der Filmwirtschaft (FSK) eingereichten Spielfilme für Jugendliche nicht zugelassen wurden. Aus dieser Zahl ergibt sich, daß ein umfangreicher Jugendschutz auf dem Filmgebiet besteht, der unter starkem Eingriff in die wirtschaftlichen Interessen der Filmindustrie den öffentlichen Belangen gerecht zu werden versucht.

Es ist bedauerlich, daß die wissenschaftlichen Erkenntnisse über die Wirkung von Filmen auf Kinder und Jugendliche noch recht gering sind. Nur wenige wissenschaftlich fundierte Arbeiten beschäftigen sich mit diesem Fragenkreis und kommen noch nicht einmal zu gleichartigen Ergebnissen. Von einigen Fachleuten wird der Einfluß des Filmes auf Kinder und Jugendliche sehr hoch eingeschätzt, während andere Fachleute betonen, daß der Film nur in sehr geringem Maße auf die Charakterbildung und Entwicklung der Jugendlichen einwirken könne. Für die zuletzt genannte Auffassung sei nur auf die neuen Aufsätze von Gollnick „Film und Jugend" in Kulturarbeit Nr. 6/1957 und Frau Rasch-Bauer „Um ein neues Jugendschutzgesetz" in „Blätter der Wohlfahrtspflege" Nr. 7/1957 hingewiesen.

Die vorliegende Arbeit stellt sich zur Aufgabe, die Filmbestimmungen der Neufassung des Jugendschutzgesetzes unter rechtlichen Gesichtspunkten zu behandeln. Es geht hier vor allem um eine Klärung der Motive des Gesetzgebers und eine Definition der neuen Begriffe unter Heranziehung der vom Gesetzgeber erwähnten historischen Vorbilder.

Es darf dankbar anerkannt werden, daß die mühevolle Kleinarbeit, welche die Mitglieder der Prüfausschüsse der FSK bei ihren täglichen Prüfungen leisten und die in den FSK-Entscheidungen und den Jugendprotokollen niedergelegt ist, allmählich zu einer Klärung der für den Jugendschutz maßgebenden Rechtsbegriffe beigetragen und dadurch eine Basis für einen wesentlichen Teil dieser Arbeit gegeben hat.

Frankfurt a. M., Oktober 1957

Horst von Hartlieb

Die Filmbestimmungen der Jugendschutznovelle

1. Allgemeines

Der Bundestag hat auf seiner Sitzung vom 29. Juni 1957 das Gesetz zur Änderung des Gesetzes zum Schutze der Jugend in der Öffentlichkeit (Jugendschutznovelle = JSchNov) verabschiedet. Die Jugendschutznovelle ist vom Bundesrat genehmigt und im Bundesgesetzblatt (Nr. 40 vom 8. Aug. 57) verkündet worden. Sie tritt am 1. 10. 1957 in Kraft.

Die JSchNov hat eine große Zahl von Vorschriften des am 4. Dez. 1951 in Kraft getretenen Gesetzes zum Schutze der Jugend in der Öffentlichkeit (Jugendschutzgesetz = JSchG) abgeändert und diesem Jugendschutzgesetz eine Neufassung gegeben. Zu den geänderten Bestimmungen gehört auch der § 6 des JSchG, welcher die Vorschriften für den Filmbesuch von Kindern und Jugendlichen enthält. Die Änderungen beziehen sich auf die Altersgrenzen für den Filmbesuch und auf die Maßstäbe für das Filmprüfverfahren. Ferner werden die Filmbestimmungen durch die allgemeinen Änderungen auf dem Gebiet der Strafvorschriften und durch die notwendige Übergangsregelung berührt.

Der schriftliche Bericht des Ausschusses für Jugendfragen, mit welchem der Entwurf zur JSchNov eingebracht worden ist, enthält folgende einleitenden Ausführungen:

> „Jugend ist zu allen Zeiten gefährdet, gesundheitlich vorwiegend in den ersten Lebensjahren, später dann auch noch sittlich. Der Krieg und die Nachkriegszeit mit ihren besonderen Verhältnissen brachten unserer Jugend, wenn sie anlagemäßig auch durchaus nicht schlechter ist als die früheren Generationen, besondere und erhöhte Gefährdungen. Diese Jugend bedarf der Hilfe der Gemeinschaft auch deshalb, weil sie in einer Welt lebt, die nichts anderes zu kennen scheint als die Jagd nach Geld, Macht und Genuß."

Auch wenn man die kulturpessimistische Tendenz dieser einleitenden Sätze nicht teilen kann, wird man sie im Rahmen der Motive für die JSchNov zu beachten haben.

Aus dem Bericht ist noch der Hinweis auf die Zusammenarbeit mit dem Ausschuß für Fragen der Presse, des Rundfunks und des Filmes auf dem Gebiet der Filmbestimmungen und die Bemerkung wichtig, daß dem Ausschuß für Jugendfragen die Sachverständigengutachten und -stellungnahmen, die von prominenten Jugendpädagogen, Jugendpsychologen, Jugendrichtern, der Freiwilligen Filmselbstkontrolle und der Filmwirtschaft mündlich und schriftlich erstattet wurden, besonders wertvoll waren. Die von diesen Stellen geleistete gründliche Vorarbeit kann daher in bestimmtem Umfang bei den Motiven für die Novelle und bei der Auslegung ihrer Vorschriften verwertet werden.

2. Die Verfassungsmäßigkeit

Die Frage der Verfassungsmäßigkeit der Filmbestimmungen der JSchNov hat bereits im Rahmen der Beratungen des Ausschusses eine Rolle gespielt. Auf Antrag des Ausschusses für Jugendfragen wurde hierüber ein Gutachten des Bundesinnenministeriums (BIM) eingeholt, das zu dem Ergebnis kommt, die Filmbestimmungen der JSchNov ständen in Einklang mit den Vorschriften des Grundgesetzes. Zur Begründung dieser Auffassung führt das Gutachten aus, daß die Freiheit der Meinungsäußerung des Art. 5 Abs. 1 des Grundgesetzes (GG) nach der ausdrücklichen Vorschrift des Abs. 2 dieses Artikels ihre Schranken in den gesetzlichen Bestimmungen zum Schutze der Jugend finde. Daher sei es möglich, das Grundrecht der Filmfreiheit im Rahmen des JSchG durch gesetzliche Vorschriften im Sinne einer Präventivzensur einzuschränken.

Dieses Gutachten ist zumindest unvollständig, indem es die Auffassung der Rechtsprechung zu dieser Frage überhaupt nicht berücksichtigt und dadurch die Auseinandersetzung mit den hier auftauchenden wichtigen Problemen vermeidet. Das Bundesverwaltungsgericht (BVG) hat in seinem Urteil vom 21. Dez. 1954 (abgedruckt in UFITA Bd. 20 S. 192 und NJW 1955 S. 1203), das den Fall einer polizeilichen Filmzensur („Sünderin"-Fall) betraf, ausdrücklich festgestellt, daß das Grundrecht der Filmfreiheit nicht unter Art. 5 Abs. 1, sondern unter die Freiheit der Kunst nach Art. 5 Abs. 3 fällt, jedenfalls soweit es um die im Mittelpunkt der Erörterung stehenden Filme mit Spielhandlung geht. Das BVG führt hierzu weiter aus, daß diese Grundrechte des Abs. 3 des Art. 5 GG nach Wortlaut und Systematik dieses Artikels nicht unter den Schranken der allgemeinen Gesetze gemäß Art. 5 Abs. 2 GG ständen. Diese Gedanken werden in dem Urteil überzeugend aus der Entstehungsgeschichte der betreffenden Vorschrift, ihrem Unterschied zu den korrespondierenden Bestimmungen der Weimarer Verfassung und aus dem freiheitlichen Gehalt des Grundgesetzes entwickelt. Das BVG stellt freilich weiterhin fest, daß diese Freiheit des Filmes keine schrankenlose Freiheit bedeute, sondern ihre Grenze darin habe, daß durch die Ausübung der Filmfreiheit nicht andere höherwertige Grundrechte verletzt oder Güter, die für den Bestand der staatlichen Gemeinschaft notwendig sind, gefährdet werden dürfen.

Die Ausführungen des Gutachtens des BIM über die Verfassungsmäßigkeit der JSchNov befinden sich nicht in Einklang mit diesen vom BVG aufgestellten Grundsätzen. Die Grundsätze des BVG machen freilich keinesfalls einen Jugendschutz gegenüber dem Grundrecht der Filmfreiheit unmöglich, da der Jugendschutz nach Art. 6 GG verfassungsrechtlich legitimiert ist und deshalb zu den Grundrechten zählt, welche mit dem Grundrecht der Filmfreiheit kollidieren können und im Einzelfall bei Höherwertigkeit berücksichtigt werden müssen. Der Unterschied zu der Auffassung des BIM liegt jedoch darin, daß die Grundsätze des BVG nur eine individuelle Nachprüfung durch Abwägung kollidierender Grundrechte und nicht etwa eine Präventivzensur im Sinne der generellen Vorprüfung aller Filme auf Jugendeignung bzw. -gefährdung gestatten. Die Ermächtigung zu einer solchen Präventivzensur könnte nur aus dem Abs. 2 des Art. 5 GG hergeleitet werden, welcher nach Auffassung des BVG auf das Grundrecht der Filmfreiheit gerade keine Anwendung finden soll. Das Gutachten des BIM hätte deshalb zumindest feststellen müssen, daß sich seine Ausführungen nicht in Einklang mit der derzeitigen höchstrichterlichen Rechtsprechung auf diesem Gebiet befinden, und sich mit dieser Rechtsprechung auseinandersetzen müssen.

Wenn man von dieser höchstrichterlichen Rechtsprechung ausgeht, können ernsthafte Bedenken gegen die Verfassungsmäßigkeit der Filmbestimmungen der JSchNov, welche freilich nicht in deren Änderungen, sondern in den Grundbestimmungen als solchen (also auch nach der bisherigen Fassung des Jugendschutzgesetzes) liegen, nicht ausgeschlossen werden. Die Bedenken werden verstärkt durch einen Vergleich mit dem Gesetz über die Verbreitung jugendgefährdender Schriften vom 9. Juni 1953 (GjS), welches nur eine individuelle Nachprüfung von Schriften und Abbildungen im Hinblick auf ihre etwaige Jugendgefährdung und keine generelle Vorprüfung solcher Schriften und Abbildungen kennt, wobei zu beachten ist, daß Sondervorschriften des Grundgesetzes, welche den Film schlechter stellen als andere Publikationsmittel, nicht vorhanden sind. Während noch die Weimarer Reichsverfassung in ihrem Art. 118 ausdrücklich gesetzliche Ausnahmen vom allgemeinen Zensurverbot für die Prüfung von Filmen zuließ, ist eine derartige Sonderreglung in das Grundgesetz nicht mehr übernommen worden. Auch ein ursprünglich bei der Ausarbeitung des Grundgesetzes beabsichtigter Zusatz zu dem Artikel über den Jugendschutz, der sich besonders auf das Filmwesen beziehen sollte, ist bei der endgültigen Formulierung nicht berücksichtigt worden. Wenn Dennewitz-Wernicke in ihrem „Bonner Kommentar“ unter Art. 5 Anm. II 2 c hierzu ausführen, daß nicht anzunehmen wäre, mit dieser Streichung sei eine Änderung des hier behandelten Problems beabsichtigt gewesen, so kann eine solche „Annahme“ gegenüber der Tatsache der Streichung und der damit maßgebenden klaren Fassung der betreffenden Vorschrift nicht beachtlich sein.

Die verfassungsrechtlichen Bedenken gegen die Filmbestimmungen der JSchNov bleiben also bestehen, wenn man den Argumenten des BVG folgt, ohne daß dadurch allgemein die Notwendigkeit eines Jugendschutzes gegenüber der Filmfreiheit verneint werden müßte. Es geht nicht um den Schutz als solchen, sondern nur um die Art seiner Durchführung, wobei allein die individuelle Nachprüfung den Gedanken des Grundgesetzes und auch der Gleichmäßigkeit der Behandlung mit anderen Publikationsmitteln und Formen des künstlerischen Ausdrucks gerecht wird. Dem Problem kommt freilich in der Praxis zur Zeit keine Bedeutung zu, da die betroffenen Grundrechtsträger, d. h. die Filmfirmen, sich im Rahmen der Grundsätze der Freiwilligen Selbstkontrolle der Filmwirtschaft (FSK) freiwillig einer generellen Vorprüfung für die Jugendfreigabe der Filme unterworfen haben, und zwar durch die Vereinbarung zwischen der Spitzenorganisation der Filmwirtschaft (SPIO) und den Ländern der Bundesrepublik (einschl. West-Berlin), die in einer „Ergänzung der Grundsätze der FSK im Hinblick auf das Gesetz zum Schutze der Jugend in der Öffentlichkeit vom 4. Dez. 1951“ nebst einer „Auslegung dieser Ergänzung“ vom gleichen Datum niedergelegt ist. Eine solche freiwillige Beschränkung auf dem Gebiet des Jugendschutzes durch die betroffenen Grundrechtsträger ist zulässig, also insbesondere nicht verfassungswidrig, und daher für die Beteiligten bindend (vergl. hierzu Gutachten von Giese in Berthold-Hartlieb „Filmrecht“ 1957 S. 233/34). Da gemäß der Auffassung des Jugend- und Filmausschusses des Bundestages auch nach Erlaß der Neufassung des JSchG die Jugendprüfung bei der FSK verbleiben soll, können verfassungsrechtliche Einwendungen auf diesem Gebiet zur Zeit nicht auftauchen. Insoweit heißt es in dem schriftlichen Bericht des Jugendausschusses zu § 6 der JSchNov wörtlich folgendermaßen:

> „Das Recht der Freigabe von Filmen für Kinder und Jugendliche steht wie bisher den obersten Landesbehörden zu. Diese bedienen sich der FSK (Filmselbstkontrolle), mit der die Länder eine Vereinbarung über das Prüfverfahren und die Anerkennung getroffen haben. Die Ersetzung des Wortes ‚Anerkennung‘ durch das Wort ‚Freigabe‘ beabsichtigt keine andere Sinngebung.“

3. Die Altersgrenzen

Im Rahmen der neu festgesetzten Altersgrenzen, welche auf 6, 12, 16 und 18 Jahre festgelegt worden sind, ist zunächst zu beachten, daß jeweils das vollendete Lebensjahr maßgebend ist, wie das auch bei den bisherigen Altersgrenzen der Fall war. Hierzu führt der Bericht des Jugendausschusses folgendes aus:

> „Bei ‚Freigegeben ab ... Jahren' gilt das jeweils vollendete Lebensjahr. Das zwölfte Lebensjahr ist z. B. vollendet, wenn das Kind 12 volle Jahre gelebt hat. Mit dem dann folgenden Tage beginnt das dreizehnte Lebensjahr. Ein Jugendlicher, der das achtzehnte Lebensjahr vollendet hat, ist nach diesem Gesetz ‚filmerwachsen'."

Ein Unterschied in der Beurteilung für die einzelnen Gruppen im Sinne von „Regel" und „Ausnahme" wird nicht gemacht, so daß man von einer gleichmäßigen Beurteilung auszugehen hat. Es ist deshalb jeweils für die betreffende Altersgruppe auf Grund ihres durchschnittlichen Reifegrades an Hand der Maßstäbe für das Prüfverfahren festzustellen, inwieweit sie durch die betreffenden Filme beeinträchtigt werden könnte. Für die Gruppen von 6 bis 12 und von 12 bis 16 Jahren liegen auf diesem Gebiet die umfangreichen Erfahrungen der Spruchpraxis der FSK vor, welche unter Anwendung der neuen Prüfmaßstäbe die Basis für die weitere Prüftätigkeit im Hinblick auf diese Altersgruppen bilden können. Für die Altersgruppe der 16- bis 18jährigen wird man in der kommenden Spruchpraxis neue Gesichtspunkte entwickeln müssen, da diese Jahrgänge bisher zu den „Erwachsenen" zählten. Keinesfalls wird man, weil nunmehr die oberste Grenze auf 18 Jahre festgesetzt worden ist, in Parallele zu der bisherigen Höchstgrenze von 16 Jahren eine gleichartige Behandlung dieser Gruppen eintreten lassen können, denn die 16-Jahresgrenze ist ausdrücklich neben der neuen Grenze bestehen geblieben. Die einzigen Prüferfahrungen, welche in der Nachkriegszeit in einem deutschen Gebiet mit dieser Altersgruppe von 16—18 Jahren gemacht worden sind, besitzt die saarländische Prüfstelle, da das ehemalige saarländische Zensurgesetz auch die Altersgruppe der 16- bis 18jährigen kannte und hier durchschnittlich 9% der Filme für diese Altersgruppe nicht zugelassen hat.

Im Hinblick auf die gesetzlich festgelegten Altersgrenzen ist im Rahmen der Spruchpraxis der FSK bereits die Frage aufgetaucht, ob die FSK in der Lage ist, für bestimmte Filme zusätzliche Altersgrenzen einzuführen, also z. B. einen Film für Jugendliche ab 14 oder ab 17 Jahren freizugeben. Im Rahmen der Erwachsenenprüfung hat der Rechtsausschuß in einer Entscheidung vom 9. März 1957 (Prüf.-Nr. 11 321) festgestellt, daß hier auch Vorführbeschränkungen unter Festlegung zusätzlicher Altersgrenzen möglich sind, also z. B. ein Film nur für die über 18jährigen (damals betrug die gesetzliche

Höchstgrenze noch 16 Jahre) zugelassen werden kann. Hier handelte es sich jedoch um die Tätigkeit der FSK innerhalb der rein freiwilligen Erwachsenenprüfung, wo die internen Vereinbarungen innerhalb der Filmwirtschaft, welche Vorführbeschränkungen unbegrenzt zulassen, maßgebend sind. Das gleiche kann nicht gelten für die FSK-Tätigkeit als Mandatar der Länder für die gesetzliche Jugendprüfung, da insoweit die Altersgrenzen durch die gesetzlichen Vorschriften bindend vorgeschrieben sind. Daher wurde auch bisher in der Spruchpraxis der FSK niemals eine zusätzliche Altersgrenze innerhalb der gesetzlichen Grenzen des JSchG festgelegt. Die gleiche Rechtsprechung hatten die Filmprüfstellen nach dem Reichslichtspielgesetz in der Vorkriegszeit. Hierzu schreibt Seeger in seinem Kommentar zum Reichslichtspielgesetz (2. Aufl.) auf Seite 86, daß die Altersgrenzen des Gesetzgebers nur im Wege der Gesetzgebung geändert werden können und deshalb alle Anordnungen und Entscheidungen der Prüfstellen, welche den Begriff des Jugendlichen anders umschreiben, unzulässig sind. Auch die Oberprüfstelle könne in ihren Entscheidungen nicht contra legem neues Recht schaffen und verlasse den Boden des Gesetzes, wenn sie sich für berechtigt erachte, eine Trennung zwischen Jugendlichen nach anderen Altersgrenzen vorzunehmen, als sie im Gesetz verankert sind.

Eine einschneidende Vorschrift bei den neuen Altersgruppen der JSchNov ist das generelle Filmverbot für Kinder unter 6 Jahren, wobei wiederum das vollendete 6. Lebensjahr maßgebend ist. Dieses generelle Verbot wird in dem Bericht des Ausschusses nicht näher begründet, jedoch weiß man aus den Ausschußberatungen, daß hier die Meinung vorherrschte, der Kinobesuch würde Kinder unter 6 Jahren physisch überfordern. In dem Bericht wird zu dem Verbot besonders im Hinblick auf das Elternrecht wie folgt Stellung genommen:

> „Dieses Verbot kann auch durch Eltern oder Erziehungsberechtigte nicht aufgehoben werden, damit kein Kind unter 6 Jahren einer heute eindeutig als nachteilig erkannten Kinoeinwirkung ausgesetzt wird. Da der Kinobesuch des Kindes in der Öffentlichkeit geschieht, darf der Gesetzgeber auf Grund seiner Pflicht zum Jugendschutz Begrenzungen vornehmen, zumal das Reichsgesetz für Jugendwohlfahrt jedem Kinde ‚das Recht auf eine freie Entwicklung zur leiblichen, seelischen und gesellschaftlichen Tüchtigkeit‘ gibt und auch das Grundgesetz in Artikel 2 ‚das Recht auf freie Entfaltung der Persönlichkeit‘ garantiert. Sind auch die Eltern in erster Linie berufen, für die Pflege und Erziehung ihrer Kinder zu sorgen, so hat doch die staatliche Gemeinschaft über ihre Tätigkeit zu wachen."

Als historische Reminiszenz darf hier eingefügt werden, daß das Reichslichtspielgesetz vom 12. Mai 1920 (RLiG) in seiner ersten Fassung ebenfalls ein solches generelles Verbot für den Filmbesuch von Kindern unter 6 Jahren kannte, welches im letzten Absatz seines § 3 niedergelegt war. Die Neufassung dieses Gesetzes von 1934 hat dann freilich den Filmbesuch von Kindern unter 6 Jahren in Begleitung ihrer Erziehungsberechtigten und zu den für diese Altersgruppe besonders zugelassenen Filmen möglich gemacht. Das JschG in seiner bisherigen Fassung ließ den Filmbesuch von Kindern unter 6 Jahren bei jugendfördernden Filmen und in Begleitung ihrer Erziehungsberechtigten zu.

Trotz der erwähnten Begründung des Jugendausschusses bleibt es problematisch, ob durch das generelle Verbot jeden Kinobesuchs für Kinder unter 6 Jahren nicht das verfassungsmäßig garantierte Elternrecht verletzt wird, dem gerade bei Kindern unter 6 Jahren wegen der normalerweise besonders intensiven Betreuung durch das Elternhaus verstärkte Bedeutung zukommt. Der erwähnte Bericht zitiert insoweit zwar den ersten Absatz des „Jugendwohlfahrtsgesetzes" mit dem Recht des Kindes auf freie Entwicklung, vergißt aber den zweiten Absatz des gleichen Artikels zu erwähnen, wonach „das Recht und die Pflicht der Eltern zur Erziehung durch dieses Gesetz nicht berührt werden soll" und den dritten Absatz des gleichen Artikels, wo es heißt, daß „die öffentliche Jugendhilfe eintreten soll, wenn der Anspruch des Kindes auf Erziehung von der Familie nicht erfüllt wird." Schon das vom Ausschuß herangezogene Jugendwohlfahrtsgesetz stellt also das Elternrecht an die Spitze und läßt die staatliche Tätigkeit nur ergänzend zu. Noch mehr gilt dies von dem später erlassenen Grundgesetz, das eine verstärkte Verankerung des Elternrechts in Art. 6 Abs. 2 GG kennt, wonach „Pflege und Erziehung der Kinder das natürliche Recht der Eltern und die zuvörderst ihnen obliegende Pflicht sind" und wobei „die staatliche Gemeinschaft nur über deren Betätigung zu wachen hat". Der Bonner Kommentar erläutert dies dahin, daß die öffentlichen Gewalten danach grundsätzlich keinerlei Berechtigung hätten, die Eltern in ihrem Pflege- und Erziehungsrecht zu beeinträchtigen und sich deren Befugnisse — gleichviel in welchem Umfang — anzumaßen, sondern nur bei Mißbrauch des Elternrechtes oder sonstiger erheblicher Störung der Ordnung des Familienbereiches eingreifen dürften, so daß die Aufgaben der staatlichen Gemeinschaft hier grundsätzlich nur helfender und unterstützender Art sein könnten (vergl. Dennewitz-Wernicke, Bonner Kommentar, Art. 6 Anm. II 2 d).

Es dürfte doch sehr fraglich sein, ob das generelle Kinoverbot für Kinder unter 6 Jahren hiermit vereinbar ist. Allein der Hinweis darauf, daß sich der Kinobesuch des Kindes in der Öffentlichkeit vollzieht, ist jedenfalls nicht stichhaltig, da sich das Elternrecht keinesfalls auf den häuslichen Bereich beschränkt und die Tatsache des öffentlichen Besuchs eine allgemeine Voraussetzung für die ganzen Filmbestimmungen, die sich nur auf diesen öffentlichen Filmbesuch beziehen, darstellt und deshalb nicht zur Begründung eines verstärkten Verbotes für e i n e Altersgruppe herangezogen werden kann.

Es wird in diesem Zusammenhang von Interesse sein, wie das Bundesverfassungsgericht (BVerfG) über den Vorlagebeschluß des OLG Hamm (AZ 2 SS 488/56), welcher eine ähnliche Frage auf dem Gebiet des Jugendgefährdungsgesetzes behandelt, entscheiden wird. Das OLG Hamm hält den § 21 Abs. 2 des GjS für verfassungswidrig, weil er entgegen Art. 6 Abs. 2 GG das Recht der Eltern zur Erziehung ihrer Kinder einschränkt, indem er auch den Eltern verbietet, ihren Kindern Schriften, welche durch Bild für die Nacktkultur werben, zugänglich zu machen. Diese Regelung stehe, so führt das OLG Hamm aus, nicht in Einklang mit dem Grundgesetz, denn Pflege und Erziehung ihrer Kinder seien das natürliche Recht der Eltern, und die der staatlichen Gemeinschaft eingeräumte „Wacht" über diese Betätigung könne sich nur in einer Oberaufsicht erschöpfen, gebe aber dem Staat keinesfalls die Befugnis, das Erziehungsrecht der Eltern so einzuschränken, wie es mit der erwähnten Vorschrift des Jugendgefährdungsgesetzes geschehe. Sollte das BVerfG diese Vorschrift des GjS für verfassungswidrig erklären, so dürfte das gleiche für das generelle Kinoverbot bis zum 6. Lebensjahr zu gelten haben. Hier wird nämlich ohne die bei den anderen Altersgruppen maßgebende Abwägung im Einzelfall, die man vielleicht noch als „Wacht" oder „Oberaufsicht" bezeichnen könnte, ein allgemeines Verbot deklariert, welches das Elternrecht insofern erheblich stärker einschränkt, als es den Eltern nicht einmal ermöglicht, mit ihren Kindern Filme zu besuchen, welche sie auf Grund ihrer individuellen Entscheidung als Erziehungsberechtigte für ihre Kinder als pädagogisch nützlich ansehen.

4. Die Prüfmaßstäbe

Eine w e s e n t l i c h e Ä n d e r u n g i n d e r F o r m u l i e r u n g bringt die JSchNov bei der Festlegung d e r P r ü f m a ß s t ä b e. Während in der bisherigen Fassung des JSchG für die Freigabe eines Filmes für die Altersgruppe bis zu 10 Jahren maßgebend war, ob er als „jugendfördernd" und für die Altersgruppe bis zu 16 Jahren, ob er als „jugendgeeignet" anerkannt werden konnte, soll es jetzt für die Nichtfreigabe allgemein darauf ankommen, ob der betreffende Film geeignet ist, die Erziehung von Kindern und Jugendlichen der betreffenden Altersgruppe zur leiblichen, seelischen oder gesellschaftlichen Tüchtigkeit zu beeinträchtigen. An die Stelle einer p o s i t i v e n Formulierung für die J u g e n d f r e i g a b e ist damit eine n e g a t i v e Formulierung für das J u g e n d v e r b o t getreten. Es bleibt zu untersuchen, inwieweit sich dies auf die Spruchpraxis der FSK auswirken wird, wobei zur Erläuterung der Begriffe der neuen Prüfmaßstäbe sowohl die Motive zu der Neufassung wie die Auslegung gleichartiger Bestimmungen in anderen Gesetzen und die bisherige Spruchpraxis der FSK auf diesem Gebiet herangezogen werden können.

Der Bericht des Jugendausschusses macht hierzu folgende Angaben:

> „Der Gesetzgeber, der nach dem Grundgesetz für den Jugendschutz zuständig ist, muß auch die Maßstäbe für das Prüfverfahren im Gesetz aussprechen. Die im Reichslichtspielgesetz von 1920 zum ersten Male niedergelegten und in der Drucksache 2672 bezeichneten Maßstäbe haben sich in der Praxis der Filmbewertung bis heute erhalten, da auch die FSK ihre Prüfrichtlinien darauf aufgebaut hat. Der Ausschuß hat diese Maßstäbe deshalb ins Gesetz hineingenommen, weil die FSK eine freie Einrichtung ist, die ihre Satzungen und Richtlinien ändern kann. Es wurden jedoch nicht die Formulierungen des Reichslichtspielgesetzes übernommen, sondern die des Reichsgesetzes für Jugendwohlfahrt, um sicherzustellen, daß die freigegebenen Filme ‚die Erziehung zur leiblichen, seelischen und gesellschaftlichen Tüchtigkeit' nicht beeinträchtigen. Für Werbevorspanne und Beiprogramme gelten diese Maßstäbe ebenfalls."

Wie aus den Beratungen des Ausschusses bekannt geworden ist, hat man bewußt die bisherigen Begriffe „Jugendförderung" und „Jugendeignung" durch andere Formulierungen ersetzt, da die bisherigen Begriffe in ihrer wertenden Bedeutung dem Grundsatz jeder Zensur, der in der Abwehr von Beeinträchtigungen und Gefährdungen liegt, widersprechen und ferner den falschen Eindruck von Empfehlungen für die so eingestuften Filme erwecken können. Da man bei der Neuformulierung im Wortlaut auf das Jugendwohlfahrtsgesetz zurückgegriffen, aber in der Begründung auch ausdrücklich auf die Prüfmaßstäbe des Reichslichtspielgesetzes Bezug genommen hat, müssen zunächst die Formulierungen dieser beiden Gesetze in ihrer Beziehung zueinander und ihrem etwaigen Unterschied betrachtet werden.

Das Reichsgesetz für Jugendwohlfahrt vom 9. Juli 1922 (JWG), das heute nach einer im Jahre 1953 vorgenommenen Änderung, welche sich aber nicht auf die vorliegende Formulierung bezieht, unter der Bezeichnung „Jugendwohlfahrtsgesetz" weiter gilt, enthält in seinem ersten Artikel die Vorschrift: „Jedes deutsche Kind hat ein Recht auf Erziehung zur leiblichen, seelischen und gesellschaftlichen Tüchtigkeit". Das Reichslichtspielgesetz vom 12. Mai 1920 (RLiG) enthält in seinem § 3 die Vorschrift, daß „von der Vorführung vor Jugendlichen alle Bildstreifen auszuschließen sind, von welchen eine schädliche Einwirkung auf die sittliche, geistige oder gesundheitliche Entwicklung oder eine Überreizung der Phantasie der Jugendlichen zu besorgen ist". In der Fassung dieses Gesetzes vom 16. Februar 1934 ist das auf die „schädliche Einwirkung für die staatsbürgerliche Erziehung oder die Pflege des deutschbewußten Geistes“ ausgedehnt worden. Sieht man von dem politisch bestimmten Beiwerk der Neufassung ab, so dürfte zwischen den Formulierungen des JWG und des RLiG kein wesentlicher Unterschied bestehen. Als Gegenstand der Beeinträchtigung wird im RLiG die „Entwicklung“ der Jugendlichen bezeichnet, während die entsprechende Vorschrift des JWG von der „Erziehung“ der Jugendlichen spricht. Da man unter „Entwicklung“ im Sinne des RLiG nicht die wertelose Feststellung eines bloßen natürlichen Zustandes, sondern die zielstrebige Weiterbildung des Kindes bzw. Jugendlichen zu verstehen haben wird, ist der Begriff „Entwicklung“ des RLiG dasselbe wie der Begriff „Erziehung“ des JWG. Die im einzelnen aufgeführten Attribute zu den Begriffen „Entwicklung“ und „Erziehung“, welche einmal von der „leiblichen, seelischen und gesellschaftlichen Tüchtigkeit“ und im anderen Fall von den „sittlichen, geistigen oder gesundheitlichen“ Momenten sprechen, werden ebenfalls gleichzuachten sein, indem sich „gesundheitlich“ und „leiblich“ decken, während „seelisch“ und „gesellschaftlich“ die „sittlichen“ und „geistigen“ Merkmale mitumfassen. Es kann also davon ausgegangen werden, daß die Formulierungen im RLiG und im JWG nur im Wortlaut etwas voneinander abweichen, aber in Sinn, Bedeutung und Zielsetzung miteinander übereinstimmen. Man wird daher bei der Auslegung der neuen Prüfmaßstäbe sowohl die Erläuterungen zu den Begriffen des JWG wie zu denjenigen des RLiG mit heranziehen können.

Nimmt man zunächst die Begriffe des Art. 1 des JWG, so existieren hierzu in den Motiven zu dem ursprünglichen Reichsgesetz und in einigen älteren und neuen Kommentaren wichtige Hinweise zur Auslegung dieser Begriffe. Die Motive zu dem alten Reichsgesetz für Jugendwohlfahrt ergeben, daß die Ausdrücke des Regierungsentwurfs „geistig“ und „sittlich“ durch das umfassendere „seelisch“ ersetzt worden sind, um die Vorschriften dem Wortlaut des Art. 120 der Weimarer Reichsverfassung anzugleichen. Gleichzeitig sollten dadurch „subtilere menschliche Seiten wie das Gemüt, der Charakter, das Temperament usw. mit einbezogen werden“ (so Behrend, Kommentar zum Reichsgesetz für Jugendwohlfahrt S. 103). Auch wollte man damit eine Anerkennung des religiösen Momentes innerhalb der Erziehung verbinden, was freilich nicht mit einer religiösen Erziehung im technischen Sinne identisch ist (vergl. hierzu Behrend a. a. O. S. 103 und Potrykus, Kommentar zum Jugendwohlfahrtsgesetz S. 26). Der Begriff der „leiblichen Tüchtigkeit“ ist der körperlichen bzw. gesundheitlichen Unversehrtheit gleichzusetzen (vergl. Potrykus a. a. O. S. 26).

Was den Begriff „gesellschaftlich“ angeht, so wird damit wohl in erster Linie an die „Fähigkeit der Selbstbehauptung, also der Durchsetzung der eigenen Persönlichkeit innerhalb der menschlichen Gesellschaft, was im wesentlichen der beruflichen Tüchtigkeit gleichkommt, gedacht“ (so Behrend a.a.O. S. 103). Potrykus (a.a.O. S. 26) spricht in diesem Zusammenhang von dem Zweck, „den Minderjährigen zu einem tüchtigen Angehörigen des sozialen Gemeinwesens zu prägen, was im demokratischen Staat von besonderer Wichtigkeit ist.“ Wie aber alle Kommentatoren betonen, sind diese Beiworte zu dem Begriff „Erziehung“ nur Erläuterungen zum gesamten Erziehungszweck, wobei nach Drewes („Jugendwohlfahrt“ S. 12) unter Erziehung die „Hilfe zu verstehen ist, die der Jugendliche für seine Entwicklung zur vollen Leistungsfähigkeit braucht“. Nach Behrend (a. a. O. S. 102) sind „Erziehung“ und „Tüchtigkeit“ Elementarbegriffe, die der juristischen Analyse kaum zugänglich sein sollen. Jedoch gibt er selbst den Hinweis, daß in der „Erziehung“ die Vorstellungsmomente der Anleitung und des Vorbildes, die einander gleichwertig sind, liegen sollen. Am klarsten wird der Sinn der gesamten Vorschrift von Friedeberg-Polligkeit (in „Jugendwohlfahrtsgesetz“ S. 76) wie folgt wiedergegeben:

„Es dürfte aber zu weit gehen, wollte man in der Nebeneinanderstellung der Begriffe ‚leibliche, seelische und gesellschaftliche‘ oder ‚körperliche, geistige und sittliche‘ die Absicht des Gesetzgebers erblicken, einzelne Bestandteile des gesamten Erziehungszieles als selbständige und gegeneinander abgegrenzte Einzelziele hervorzuheben und jedes für sich unter den besonderen Schutz des Staates zu stellen. Vielmehr muß man in der vom Gesetzgeber gewählten Fassung den Versuch erblicken, in dem Erfordernis der Erziehung zur Tüchtigkeit ein allgemeines Erziehungsziel aufzustellen, das mit dem pädagogischen Postulat einer harmonischen und allseitigen Heranbildung und Entfaltung der menschlichen Gesamtpersönlichkeit gleichbedeutend ist.“

Besonders bedeutsam für die Auslegung der erwähnten Begriffe des JWG ist die Bemerkung von Behrend (a. a. O. S. 65), daß es dem Gesetzgeber darauf angekommen ist, aber andererseits auch genügt hat, die Jugend vor Schädigung ihrer Entwicklung zu bewahren. Die gesamte Anlage des Gesetzes sei darauf eingestellt, eine Vorbeugung gegenüber der Jugendgefährdung durchzuführen.

Zu den korrespondierenden Begriffen des Reichslichtspielgesetzes ist eine umfangreiche Spruchpraxis der Filmprüfstellen (einschl. Oberprüfstelle) vorhanden, und zwar vor allem aus der Zeit vor 1933. Danach soll eine entsittlichende Wirkung und damit gleichbedeutend eine Gefährdung der sittlichen Entwicklung Jugendlicher dann gegeben sein, wenn ein Film geeignet ist, ihre moralische Entwicklung schädlich zu beeinflussen. Das soll vor allem bei Filmen vorkommen, die in sexueller Beziehung Bedenken erregen (vergl. die Zitate bei Seeger a. a. O. S. 87). Die geistige Entwicklung Jugendlicher soll durch Filme gefährdet werden können, die ihre Geistes- oder Willensbildung nachteilig beeinflussen. Das soll freilich nicht schon dann der Fall sein, wenn dem jugendlichen Beschauer lediglich ein falsches Weltbild vermittelt wird (vergl. Seeger a. a. O. S. 90). Die gesundheitliche Entwicklung Jugendlicher kann durch Filme beeinträchtigt werden, welche durch die Kraßheit ihrer Darstellung Nervenüberreiztheit, übermäßige Erregung usw. hervorrufen. Diese Einwirkung müsse jedoch eine unmittelbare sein und schließe die erst durch Nachahmung eintretende, entfernte Möglichkeit gesundheitsgefährdender Handlungen aus (Seeger a. a. O. S. 91). Unter dem Gesichtspunkt der Gesundheitsgefährdung wird auch die Gefahr der Phantasieüberreizung gebracht, welche bei furchterregenden Darstellungen, die das Gedankenleben Jugendlicher erheblich verwirren können, angenommen wird (vergl. Seeger a. a. O. S. 92). In dem ganzen Zusammenhang ist zu beachten, daß es die Spruchpraxis der Prüfstellen nach dem Reichslichtspielgesetz für Jugendverbote eindeutig auf eine schädliche Einwirkung auf die sittliche, geistige oder gesundheitliche Entwicklung der durchschnittlichen Jugendlichen abgestellt hat. Geschützt wurde hierbei nur der normale, d. h. der geistig und körperlich gesund empfindende Jugendliche, während auf exaltierte und verderbte Jugendliche keine Rücksicht zu nehmen war, da dies nicht in der Absicht des Gesetzgebers gelegen habe (vergl. Oberprüfstelle vom 11. 4. 1928, zitiert bei Seeger a. a. O. S. 87).

Zusammenfassend läßt sich an Hand der Motive und der Rechtslehre und Rechtsprechung zur Auslegung der Jugendschutzbegriffe des JWG und des RLiG, welche die Jugendschutznovelle als neue Prüfmaßstäbe übernommen hat, feststellen, daß es diese Begriffe eindeutig auf die Verhinderung negativer Einflüsse auf die Kinder und Jugendlichen zur Vermeidung einer Schädigung des normalen Erziehungszweckes abstellen, wobei das wertbetonte Moment in diesem Erziehungszweck besteht. Diese Gedanken wird man bei der Auslegung der gleichen Begriffe nach der neuen JSchNov im Rahmen der künftigen FSK-Spruchpraxis als Prüfmaßstäbe zu beachten haben.

Die historischen Unterlagen für die Spruchpraxis nach den neuen Prüfmaßstäben, welche in den früher verwandten Begriffen verankert sind, müssen noch ergänzt werden durch eine Betrachtung der Spruchpraxis der FSK nach den bisherigen Begriffen des JSchG. Man könnte zunächst denken, daß hier jede Parallele wegen der völlig andersartigen, nämlich positiv ausgerichteten Formulierung dieser Begriffe ausscheiden müsse. Ein Überblick über diese Spruchpraxis der FSK auf dem Jugendgebiet ergibt jedoch, daß man die bisherigen Begriffe der „Jugendförderung" und „Jugendeignung" in ihrer Fragwürdigkeit als Zensurgesichtspunkte erkannt und sie weitgehend in Einklang mit den allgemeinen Verbotstatbeständen für Filmprüfungen ausgelegt hat (vgl. hierzu im einzelnen Berthold-Hartlieb „Filmrecht" S. 274 ff. und die dort erwähnten zahlreichen Entscheidungen der Ausschüsse der FSK). Danach wurde es schon bisher vor allem für die „Jugendeignung" im wesentlichen darauf abgestellt, daß der Film für Jugendliche nicht schädlich sein, also ihre Entwicklung nicht negativ beeinflussen darf, wobei als positives Merkmal für die „Eignung" schon ein Unterhaltungswert genügen sollte und nicht etwa ein erzieherischer oder bildungsmäßiger Wert gefordert wurde. In seiner letzten Jugendentscheidung vom 6. April 1957 (Prüf-Nr. 12 994) hat der Rechtsausschuß der FSK ausdrücklich festgestellt, zur Freigabe eines Filmes als „jugendgeeignet" genüge es, daß der Film keine negativen Einflüsse auf die Jugendlichen haben könne, ohne daß er über die reine Unterhaltung hinaus positiv bildende Werte für Jugendliche haben müsse. Ein Mangel an positiven Merkmalen sei für ein Verbot der Vorführung des Filmes vor Jugendlichen zwischen 10 und 16 Jahren nicht ausreichend. Soweit sich die Spruchpraxis der FSK im Rahmen dieser Grundsätze gehalten hat, erfährt sie durch die neuen Begriffe, welche es ausdrücklich auf die „Beeinträchtigung", also die schädliche Einwirkung, abstellen, ihre Bestätigung.

Hierzu darf noch darauf hingewiesen werden, daß eine Reihe von Einzelbegriffen für die Jugendprüfung, welche sich in der Spruchpraxis der Prüfstellen des RLiG entwickelt haben, auch in der Spruchpraxis der FSK unter dem gleichen Wortlaut und mit gleichem Sinngehalt Verwendung finden. Man denke an Begriffe wie „Phantasie-Überreizung", „übermäßige Erregung", „sexuelle Verfrühung" u. ä. m., welche damals wie heute der Jugendfreigabe eines Filmes entgegenstanden bzw. entgegenstehen. So wird auch von hier aus die Kontinuität der Entwicklung gewahrt.

Es kann also bei der künftigen Spruchpraxis der FSK nach den neuen Prüfmaßstäben der JSchNov auf wesentlichen Grundlagen der bisherigen Spruchpraxis aufgebaut werden. Trotzdem wird man der Tatsache, daß der Gesetzgeber neue Prüfmaßstäbe aufgestellt hat, durch eine sorgfältige Auslegung dieser neuen Begriffe unter Heranziehung aller erwähnten historischen Momente Rechnung zu tragen haben. Was die neuen Begriffe im einzelnen angeht, so ist für ihre Auslegung zu unterscheiden zwischen den Begriffen „Eignung", „Beeinträchtigung" und „Erziehung zur Tüchtigkeit". Unter „Eignung" wird man die allgemeine Ausrichtung auf den negativen Zweck zu verstehen haben und sich nicht etwa mit der Ausrichtung für individuelle Fälle begnügen können. Der Film muß generell und nicht nur bei Vorliegen besonderer Begleitumstände auf die negativen Folgen ausgerichtet sein. Die Voraussetzungen zu einer solchen „Eignung" sind dann nicht mehr gegeben, wenn der Film erst durch eine besondere, an sich abwegige Auslegung und deren Herantragung an Jugendliche oder in Verbindung mit anderen an sich negativen, aber außerhalb des Filmes selbst liegenden Umständen einen negativen Einfluß auf Jugendliche ausüben kann. Der Begriff „Beeinträchtigung" ist nach allgemeinen rechtlichen Grundsätzen nur erfüllt, wenn nicht bloß die Möglichkeit einer negativen Einwirkung durch den Film besteht, sondern eine effektive, an Sicherheit grenzende Feststellung dieser Einwirkung vorgenommen werden kann. Der Begriff der Beeinträchtigung ist also ähnlich auszulegen wie der Begriff der Gefährdung, da sie beide die tatsächliche schädliche Einwirkung und nicht nur die Möglichkeit einer solchen Einwirkung voraussetzen.

Die erwähnten Begriffe der „Eignung" und „Beeinträchtigung" müssen sich auf „die Erziehung zur leiblichen, seelischen oder gesellschaftlichen Tüchtigkeit" beziehen, wodurch dieser Begriff in den Mittelpunkt des Interesses bei der Auslegung der neuen Prüfmaßstäbe tritt. Man wird die Attribute zu dem Wort „Tüchtigkeit" gemäß der bisherigen Betrachtung dieser Begriffsbildung im Jugendwohlfahrtsgesetz beispielhaft aufzufassen, also von einem allgemeinen Erziehungsziel auszugehen haben. Dabei kann dieses Erziehungsziel gemäß den realen Gegebenheiten nicht als eine ideale Konstruktion und schon gar nicht als das Erziehungsideal bestimmter Weltanschauungen, sondern nur im Rahmen der konkreten, in der Praxis der jeweiligen Zeitumstände verwurzelten Erziehungsmöglichkeiten gesehen werden. Das ergibt sich aus dem Grundgedanken jeder Zensur, welche dem Ausschluß der Beeinträchtigung der von der Allgemeinheit getragenen Wertevorstellungen dient, die im westdeutschen Gebiet nicht von einer, sondern von verschiedenen Weltanschauungen geprägt werden. Es kann also nur darum gehen, den jungen Menschen zu einer Lebenshaltung zu bringen, welche die normale Behauptung innerhalb der jeweiligen gesellschaftlichen Verhältnisse gewährleistet. Nur was diese realen Erziehungsmöglichkeiten zurückwirft, zum Stillstand bringt oder zumindest in ihrer üblichen Fortentwicklung hemmt, kann als Beeinträchtigung der Erziehung zur allgemeinen Tüchtigkeit aufgefaßt werden und die Freigabe eines Filmes für die betreffenden Altersgruppen ausschließen.

Soweit man die einzelnen beispielhaft erwähnten Worte zum Erziehungsbegriff noch näher betrachtet, wird man unter „leiblich" das physisch-gesundheitliche Moment, unter „seelisch" die sittlich-emotionalen Umstände und unter „gesellschaftlich" die geistig-sozialen Elemente zu verstehen haben, welche zusammen in einem positiven Sinne vorliegen müssen, um das Erziehungsziel der normalen Behauptung im sozialen Leben zu ermöglichen. Hier werden sich im einzelnen die in der bisherigen Spruchpraxis der FSK entwickelten und teilweise bereits in der früheren Spruchpraxis der Filmprüfstellen vorhandenen Begriffe für Jugendverbote einordnen lassen. Das gilt auf der gesundheitlichen Ebene für „Übererregung", „Überreizung" und „physische Überforderung", auf dem sittlich-emotionalen Gebiet für „sexuelle Verfrühung" und „seelische Überforderung" und auf der geistig-sozialen Ebene für die „Verfälschung des Lebens- oder Weltbildes im Sinne einer schädigenden Veränderung der normalen Betrachtungsweise". Bei der ganzen Auslegung der neuen Prüfmaßstäbe ist der allgemeine Gesichtspunkt zu beachten, der sich schon aus der Formulierung dieser Prüfmaßstäbe ergibt, daß es sich nämlich um eine Wirkungsprüfung handelt und daß es hierbei auf die Wirkung auf den durchschnittlichen Jugendlichen der betreffenden Altersgruppe und nicht etwa auf besonders anfällige oder abseitig veranlagte Jugendliche ankommt. Hier wird man im Hinblick auf die verschiedenen Altersgruppen berücksichtigen müssen, daß mit steigendem Alter wegen der Festlegung des Charakters und des Weltbildes sich die Erziehungsmöglichkeiten verringern, so daß auch nur verringerte Möglichkeiten der Beeinträchtigung durch ungeeignete Filme gegeben sind. Dieser Gesichtspunkt wird vor allem bei der Betrachtung für die neu hinzugekommene Altersgruppe der 16—18jährigen eine Rolle zu spielen haben, wobei in diesem Zusammenhang auch die Tatsache zu beachten sein dürfte, daß nach der bisherigen Regelung der 16jährige als erwachsen galt und auch im täglichen Leben, vor allem auf der beruflichen Ebene, weitgehend einem Erwachsenen gleichgestellt ist.

Abschließend ist zu diesem Abschnitt noch darauf hinzuweisen, daß im Gesetz neben dem Film als solchem auch noch ausdrücklich die Werbevorspanne und Beiprogramme erwähnt werden, für welche die gleichen Prüfmaßstäbe, Altersgruppen, Prüfverfahren und Freigabebescheinigungen gelten sollen. Damit wird die diesseits immer vertretene Auffassung bestätigt, wonach der Reklamevorspannfilm im Hinblick auf die von ihm selbst ausgehende Wirkung auf Jugendliche und ohne Beachtung der Einstufung des Filmes, für den er wirbt, zu prüfen und über ihn zu entscheiden ist, was im Gegensatz zu der in Bayern getroffenen Regelung steht, aber jetzt durch die eindeutige Anführung im Gesetz kargestellt sein dürfte (vgl. hierzu Berthold-Hartlieb „Filmrecht" S. 255). Die besondere Erwähnung der Beiprogramme kann sich nur auf Beiprogrammfilme beziehen. Das ergibt sich aus dem Wort „Werbevorspanne", das gleichrangig im gleichen Absatz steht und nur Filme umfassen kann, und aus dem Absatz 3 der gleichen Vorschrift, welche zeigt, daß sich die ganze Vorschrift nur auf Filme beziehen soll. Unter den Begriff „Beiprogramme" fallen also nicht Werbedias, Reklamematerial o. ä. m., wohl aber Kulturfilme, Werbefilme u. ä. m.

Offen bleibt die Frage der Beurteilung der Wochenschau nach der JSchNov, welche bisher wegen ihres den Presseerzeugnissen vergleichbaren Charakters keiner Prüfung durch die FSK, auch nicht im Hinblick auf Jugendschutz, unterlag, aber nunmehr zweifellos vom Wortlaut der Gesetzesnovelle erfaßt wird, da sie zum Beiprogramm der Filmtheater gehört und auch im Bericht des Ausschusses nicht besonders ausgenommen wird. Eine Berufung allein auf die Pressefreiheit würde demgegenüber nicht durchschlagen, da die Pressefreiheit nach dem Grundgesetz sogar stärkeren Einschränkungen unterliegt (nämlich dem Abs. 2 des Art. 5 GG) als das Grundrecht der Filmfreiheit (s. oben unter „Die Verfassungsmäßigkeit"). Dagegen muß beachtet werden, daß gewichtige praktische Gründe (Aktualität der Wochenschau, vergleichbare Wirkung wie Tagespresse und illustrierte Presse u. ä. m.) gegen die Durchführung einer präventiven Zensur auf diesem Gebiet sprechen.

5. Die Strafbestimmungen

Der Hauptunterschied in den Strafbestimmungen, den die JSchNov gegenüber der bisherigen Fassung des JSchG gebracht hat, liegt in der Festlegung, daß die Zuwiderhandlungen gegen das Gesetz normalerweise nicht mehr als Straftaten, sondern als Ordnungswidrigkeiten anzusehen sind. Damit wird ihnen mit Recht der diskriminierende Charakter einer Straftat genommen, welcher dem Unrechtsgehalt der betreffenden Handlungen nicht entsprechen würde. Die vorsätzliche oder fahrlässige Verletzung der Filmbestimmungen der Jugendschutznovelle zieht daher grundsätzlich die Geldbuße für eine Ordnungswidrigkeit nach sich.

Als Straftat wird das Verhalten nur gewertet, wenn es vorsätzlich erfolgt ist und ferner durch die Zuwiderhandlungen gegen die Gesetzesvorschriften wenigstens leichtfertig ein Kind oder ein

Jugendlicher in seiner körperlichen, geistigen oder sittlichen Entwicklung schwer gefährdet wird oder die Zuwiderhandlungen beharrlich widerholt werden. Die erstere Verschärfung verlangt objektiv die schwere Gefährdung der Entwicklung eines Jugendlichen oder Kindes und geht damit über die Verbotsbestände hinaus, welche eine einfache Gefährdung genügen lassen. Es muß sich also um den Fall eines für Jugendliche besonders gefährlichen Filmes handeln. In subjektiver Hinsicht muß sich der Täter bewußt sein, daß er die Entwicklung eines Kindes oder Jugendlichen durch seine Zuwiderhandlung schwer gefährdet und er muß dies nicht nur wissen, sondern leichtfertig mit in Kauf nehmen. Die zweite Verschärfung fordert eine beharrliche Wiederholung, wofür man eine gewisse Absicht in der Wiederholung wird fordern müssen, da nur dann die Beharrlichkeit des Verstoßes gegeben ist. Als Ausnahme von der regelmäßigen Beurteilung der Zuwiderhandlungen sind die verschärften Vorschriften eng auszulegen.

Der Kreis der verantwortlichen Personen ist mit dem Veranstalter, dem Gewerbetreibenden oder den von diesen mit der Leitung oder Beaufsichtigung des Betriebes beauftragten Personen derselbe geblieben wie in der bisherigen Fassung des Jugendschutzgesetzes. Hinzugetreten ist die besonders mit der Überwachung der Einhaltung der durch das Gesetz auferlegten Pflichten beauftragte Person. In seinem Bericht spricht der Ausschuß sogar die besondere Empfehlung aus, derartige Beauftragte ausdrücklich zu benennen, weil es sehr zweifelhaft sei, ob sie stets zu den mit der Leitung oder Beaufsichtigung des Betriebes betrauten Personen zählen. Gewerbetreibender und Veranstalter ist auf dem Filmgebiet normalerweise der Filmtheaterbesitzer, wobei in größeren Betrieben der Theatergeschäftsführer zu den Personen gehört, die mit der Leitung oder Beaufsichtigung eines Betriebes oder Betriebsteiles beauftragt sind. Zu ihnen treten die Kontrolleure als die meist mit der Überwachung der Einhaltung der gesetzlichen Pflichten besonders beauftragten Personen. Im einzelnen haben die betreffenden Kreise jeweils ihre Pflichten erfüllt, wenn sie in dem ihnen unterstehenden Bereich für eine ordnungsgemäße Überwachung Sorge tragen, d. h. der Theaterbesitzer durch entsprechende Anweisungen und Überwachung des Theaterleiters, der Theaterleiter durch entsprechende Anweisung und Überwachung des weiteren Personals u. ä. m.

Der Kreis der Erziehungsberechtigten war nach der bisherigen Fassung des JSchG dadurch einbezogen, daß Erziehungsberechtigte dann bestraft werden konnten, wenn sie einen Jugendlichen einer Gefährdung aussetzten, die nach den gesetzlichen Vorschriften von ihm ferngehalten werden sollte. Diese Vorschrift ist in der Novelle dahin geändert worden, daß jetzt nur noch eine Bestrafung als Ordnungswidrigkeit in Frage kommt, und zwar wenn der Erziehungsberechtigte oder eine dritte Person vorsätzlich ein Verhalten eines Kindes oder Jugendlichen herbeiführt oder fördert, das durch die Vorschriften des JSchG verhindert werden soll. Dazu gehört es, wenn Eltern mit ihren Kindern bewußt jugendverbotene Filme besuchen oder sie in solche Filme hineinschicken oder wissen, daß sie solche Filme besuchen und hierin mit Eventualdolus einwilligen. Die Kinder und Jugendlichen selbst werden bei Verstoß gegen die Vorschriften des Gesetzes nicht bestraft.

Die Verpflichtung für Gewerbetreibende und Veranstalter, die für ihre Betriebseinrichtungen und Veranstaltungen geltenden Vorschriften des JSchG in einer deutlich erkennbaren Form bekanntzumachen, ist in der Novelle dieselbe geblieben wie in der ursprünglichen Fassung des Gesetzes. Man wird deshalb hier die ausführliche Rechtsprechung zu beachten haben, die sich bereits zu dieser Frage der vorschriftsmäßigen Veröffentlichung der Gesetzesbestimmungen entwickelt hat (vgl. hierzu Berthold-Hartlieb „Filmrecht“ S. 484).

Neu hinzugekommen ist in der Novelle eine Vorschrift, wonach bei der Bekanntmachung der Freigabe von Filmen nur die im Gesetz vorgesehenen Kennzeichnungen zu verwenden sind, wobei diese Kennzeichnungen als „Freigegeben ab 6 bezw. 12 bezw. 16 bezw. 18 Jahren“ gesetzlich definiert werden. Der Bericht des Jugendausschusses erwähnt hierzu, daß durch diese Festlegung die besondere Reklamewirkung von Ankündigungen wie „Jugendverbot“ o. ä. m., welche die Jugendlichen zu einer Gesetzesübertretung verleiten könnten, ausgeschlossen werden soll.

6. Die Übergangsregelung

Bei der Übergangsregelung ergibt sich durch das Kinoverbot der unter 6jährigen und durch den Wegfall der 10-Jahresgrenze die Notwendigkeit, die bisher als „jugendfördernd“ anerkannten Filme als freigegeben ab 6 Jahren und die bisher als „jugendgeeignet“ anerkannten Filme als freigegeben ab 12 Jahren zu bezeichnen. Von rechtlichem Interesse ist bei der Übergangsregelung die Frage, inwieweit seitens der betroffenen Filmfirmen oder der öffentlichen Hand die Neueinstufung eines Filmes im Wiederaufnahmeverfahren gefordert werden kann.

Für die Länder wird ein entsprechendes Recht in den Übergangsvorschriften ausdrücklich vorbehalten. Dies war notwendig, da nach den bisherigen Bestimmungen die Länder in dem untereinander abgestimmten Wiederaufnahmeverfahren nur 2 Monate nach Erstaufführung die Neueinstufung eines Filmes beantragen können. Das Wiederaufnahmeverfahren wird sich auf diejenigen Filme beschränken, welche bisher ab 16 Jahren freigegeben waren, aber nach den neuen Bestimmungen auf 18 Jahre eingestuft worden wären. Da durch den Vertrag der Länder untereinander und das der FSK übertragene Mandat eine verbindliche Regelung des Wiederaufnahmeverfahrens im Sinne der Ergänzung der Grundsätze der FSK im Hinblick auf das JSchG (Fassung vom 19. Nov. 1954) erfolgt ist, sind auch für das hier mögliche Wiederaufnahmeverfahren diese Grundsätze zu beachten (vgl. hierzu Berthold-Hartlieb „Filmrecht" S. 229/30 und S. 280—82).

Für die Filmwirtschaft besteht in einzelnen Fällen ein Interesse, einen Film mit Rücksicht auf die neue Altersgrenze von 12 Jahren neu einstufen zu lassen, da es möglich ist, daß ein solcher Film gemäß der bisherigen Altersgruppe von 10—16 Jahren nicht für „jugendgeeignet" erklärt wurde, weil er die damit einbegriffenen 10- bis 12jährigen überfordern würde. Dazu kommen die Fälle von Verboten oder Schnittauflagen der für Erwachsene bestimmten Filme, die in der bisherigen Spruchpraxis wegen der zu den Erwachsenen gehörenden Gruppe der 16- bis 18jährigen nicht oder nur mit Schnitten freigegeben werden konnten. Da es nach den FSK-Grundsätzen keine Rechtskraft einer Entscheidung zu Ungunsten der Antragsteller gibt (eine Neuvorlage ist jederzeit nach vier Monaten möglich), kann in den erwähnten Fällen jede Filmfirma von diesem Recht der Neuvorlage Gebrauch machen. Auch unabhängig von dem Fristablauf ergibt sich dies aus dem Neuvorlagerecht bei „wesentlich geänderten Zeitumständen", da die Änderung der Altersstufen unter diesen Tatbestand fällt.

7. Einzelfragen

Neben den hauptsächlichen Änderungen, die aus der Neugruppierung der Altersstufen, der Neuformulierung der Prüfmaßstäbe und den geänderten Strafbestimmungen bestehen, enthält die Neufassung der Filmbestimmungen des Jugendschutzgesetzes noch eine Reihe von weiteren Änderungen gegenüber dem bisherigen Gesetz. Die hierbei auftauchenden Rechtsfragen sollen in diesem Schlußabschnitt behandelt werden (vergl. hierzu auch die instruktive, vergleichende Betrachtung der neuen und der alten Fassung des Jugendschutzgesetzes von Derichsweiler in „Film und Recht" Nr. 9/57 Seite 10).

Zusammen mit den Altersgruppen sind auch die erlaubten Vorstellungszeiten für die jeweilige Altersgruppe geregelt. Soweit es sich um die Altersgruppen bis zur Grenze von 16 Jahren handelt, entspricht die Regelung den bisherigen Vorschriften mit Ausnahme der sich zwangsläufig aus der Neugruppierung der Altersstufen ergebenden Änderungen. So müssen die Filmvorführungen für die 6—12jährigen bis spätestens 20 Uhr und für die 12 bis 16jährigen bis spätestens 22 Uhr beendet sein. Für die neue Altersgruppe der 16—18jährigen mußte eine neue Zeitgrenze gefunden werden, die auf 23 Uhr festgelegt worden ist. Damit scheiden Spät- und Nachtvorstellungen für diese Jahrgänge grundsätzlich aus und eventuell sogar die letzte Abendvorstellung, wenn ihr Beginn relativ spät liegt. Es ist erstaunlich, daß der Gesetzgeber hier strengere Maßstäbe anlegt als bei Tanzveranstaltungen, deren Besuch 16—18jährigen bis 24.00 Uhr gestattet ist. Man ist hierbei über eine mögliche Gefährdung Jugendlicher durch den Film selbst hinausgegangen und hält offenbar von einem gewissen Zeitpunkt ab die ganze „Kino-Atmosphäre als solche" für schädlich (So Mickley in „Jugendschutz" Heft 4/1957 S. 17). Das dürfte aber kein berechtigter Gesichtspunkt sein, da der Aufenthalt im Filmtheater als solcher für die 16—18jährigen keinesfalls schädlich sein kann.

In dem neuen § 6 des Jugendschutzgesetzes wird im Gegensatz zu dem bisherigen § 6 nicht mehr von Zulassung von Kindern und Jugendlichen zu öffentlichen Filmveranstaltungen, sondern von der Anwesenheit von Kindern und Jugendlichen bei öffentlichen Filmveranstaltungen gesprochen. Mit Recht weist Derichsweiler (a. a. O.) darauf hin, daß durch diese Fassung die von einigen Gerichten vorgenommene weite Auslegung des Zulassungsbegriffs ausgeräumt worden ist. Es sei in diesem Zusammenhang an das Urteil des OLG Köln vom 28. Juni 1955 (Ufita Band 21 S. 88 ff.) erinnert, wonach bereits in dem Verkauf einer Eintrittskarte an einen Jugendlichen eine Zulassung zu der Filmvorführung gesehen werden soll. Dieser weiten Auslegung des Begriffs „Zulassung" ist mit Recht widersprochen worden (Derichsweiler Ufita Band 22 S. 178, von Hartlieb „Der neue Film" Nr. 93 v. 24. 11. 1955, Berthold-Hartlieb „Filmrecht" S. 486); auch haben andere Gerichte diese weite Auslegung des Zulassungsbegriffs nicht mitgemacht (z. B. LG Berlin in Ufita Band 23 S. 250). Immerhin mußte ihr wegen der erwähnten höchstrichterlichen Entscheidung Beachtung geschenkt werden. Jetzt ist diese Gefahr dadurch überholt, daß die Neufassung den Zulassungsbegriff vermeidet und an dessen Stelle die „Anwesenheit" verlangt. Der neue Begriff setzt die tatsächliche Teilnahme des Kindes oder Jugendlichen an der Filmvorführung, also den Aufenthalt im Zuschauerraum während der Filmvorführung voraus und kann keinesfalls die Umstände mit umfassen, die der Zulassungsbegriff in der erweiterten Auslegung erfassen konnte. Derichsweiler spricht hier mit Recht von der Notwendigkeit einer „räumlich-objektiven Gefährdungsmöglichkeit durch Gewährung des optisch-akustischen Filmerlebnisses selbst". Von hier aus ergibt sich eine Erleichterung für den Theaterbesitzer, da er bzw. sein Personal erst dann das Gesetz verletzen, wenn den Kindern oder Jugendlichen die Besichtigung des für sie nicht freigegebenen Filmes durch Einlaß in den Zuschauerraum ermöglicht wird und sie mindestens bei Beginn der Vorführung dieses Filmes noch im Raum sind. Denn nur dann sind sie bei der für sie nicht freigegebenen öffentlichen Filmveranstaltung anwesend.

Wenn in dem neuen § 6 davon gesprochen wird, wie die Filme zu kennzeichnen sind, und hierbei auch die nur für Erwachsene freigegebenen Filme mit der Kennzeichnung „freigegeben ab 18 Jahren" erwähnt werden, so besagt das nicht, daß sich nunmehr die Prüfung der obersten Landesbehörden auch auf die Erwachsenen-Freigabe zu erstrecken hat. Es wird nämlich ein klarer Unterschied gemacht zwischen der Gestattung der Anwesenheit bei Filmveranstaltungen für Kinder und Jugendliche, die nach § 6 Abs. 2 den obersten Landesbehörden zusteht, sich aber auf die Jahrgänge bis zu 18 Jahren beschränkt, und der reinen Kennzeichnung, welche der Klarstellung dienen soll, inwieweit die Filme für Kinder und Jugendliche zugelassen sind. Die Kennzeichnung „freigegeben ab 18 Jahren" bedeutet also nicht, daß hier eine Prüfbefugnis der obersten Landesbehörden besteht, sondern nur, daß auch bei diesen Filmen durch die Kennzeichnung ihre Nichtfreigabe für Kinder und Jugendliche klargestellt werden muß.

In einem besonderen Paragraphen wird herausgestellt, daß das ganze Gesetz und damit auch seine Filmbestimmungen nicht für verheiratete Jugendliche gelten. Die Ehefrau von 17 Jahren kann also auch einen Film besuchen, welcher für die 16—18jährigen nicht freigegeben worden ist. Die Erlaubnis ist genereller Natur, was zur Folge hat, daß z. B. die jugendliche Ehefrau diesen Film auch ohne Begleitung ihres Ehegatten besichtigen darf.

Die Neufassung des Gesetzes bezieht sich ausdrücklich nur auf Filme einschl. der Werbevorspanne und Beiprogramme. Sie erstreckt sich also genau wie die bisherige Fassung nicht auf das sonstige Werbematerial. Für dieses Werbematerial sind daher weiterhin die Vorschriften des Gesetzes über die Verbreitung jugendgefährdender Schriften (GjS) maßgebend. Der Theaterbesitzer muß also grundsätzlich überprüfen, ob das von ihm verwandte

Werbematerial nicht etwa für Jugendliche offensichtlich sittlich schwer gefährdend ist. Diese Prüfung wird ihm im Hinblick auf das vom Verleiher gelieferte Werbematerial insoweit abgenommen, wie dieses Material von der FSK geprüft worden ist und ihren Freigabestempel trägt. Wenn der Theaterbesitzer sich auf diesen Freigabestempel verläßt, kann er keine schuldhafte Handlung begehen, da es ihm nicht als Fahrlässigkeit auszulegen ist, wenn er sich nach der Entscheidung eines so facherfahrenen und gründlich arbeitenden Gremiums wie der FSK richtet. Dem entgegenstehenden Urteil des OLG Hamm vom 5. 4. 1956 (abgedruckt in Ufita Band 23 S. 73) kann in seinen allgemeinen Ausführungen zu dieser Frage nicht gefolgt werden, wobei noch zu beachten ist, daß es um einen Fall ging, bei dem die Fahrlässigkeit des Theaterbesitzers darin lag, daß er Material verwandt hatte, welches keinen FSK-Stempel trug (vergl. Berthold-Hartlieb „Filmrecht" S. 486/87 und Derichsweiler in Ufita Band 23 S. 73).

Die Vorschrift über die Bekanntmachung der Jugendschutzbestimmungen durch den Theaterbesitzer ist im ersten Satz des neuen § 10 genau die gleiche geblieben wie im bisherigen § 9. Hinzugekommen ist der Satz, daß die Freigabe-Bekanntmachung sich nur der im § 6 erwähnten Kennzeichnungen bedienen darf. Das hat praktisch zur Folge, daß sich der Theaterbesitzer dieser Kennzeichnungen bedienen muß. Er hat nämlich zusätzlich zu den allgemeinen Vorschriften einen Hinweis für den konkreten Film zu bringen. Dieser Hinweis ist jetzt nur noch in der Form „freigegeben ab . . . Jahren" gestattet. Damit werden die Kennzeichnungen des § 6, obwohl dies im § 10 nicht ausdrücklich gesagt ist, zu den einzig verwendbaren und damit vom Theaterbesitzer zwangsweise zu benutzenden Bezeichnungen. Der Theaterbesitzer wird also in Zukunft neben einer deutlich erkennbaren Anbringung des vollen Wortlauts der Filmbestimmungen in der Neufassung des Jugendschutzgesetzes für jedes Filmprogramm, das er spielt, einen weiteren, in deutlich erkennbarer Form angebrachten Hinweis bringen müssen, der feststellt, von welcher Altersstufe ab das betreffende Filmprogramm freigegeben worden ist. Für die Erwachsenen-Filme bedeutet das, daß sie mit dem Hinweis „freigegeben ab 18 Jahren" versehen werden müssen, während Hinweise wie „Jugendverbot" o. ä. m. nicht gestattet sind.

Diese ganzen Ausführungen beziehen sich auf die Bekanntmachung der Gesetzesvorschriften und die Kennzeichnung der Filme im bzw. am Theater selbst (also im Vorraum, Kassenraum o. ä. m.), wo die Besucher vor dem Eintrittskartenerwerb über den Jugendschutz unterrichtet werden müssen. Im Zusammenhang mit seiner übrigen Werbung (also insbesondere in den Inseraten, der Plakatierung o. ä. m.) ist der Theaterbesitzer nicht verpflichtet, auf die Gesetzesvorschriften oder die Kennzeichnung des betreffenden Filmes hinzuweisen. Sollte er jedoch einen Hinweis über die Einstufung des Filmes bringen wollen, so darf er nur die Kennzeichnung „Freigegeben ab ... Jahren" verwenden. Die Bezeichnung eines Filmes in einem Inserat mit „Jugendverbot" ist also nicht mehr zulässig.

Von größter Bedeutung für den Theaterbesitzer ist das Problem der Kontrolle des Filmbesuchs der Kinder und Jugendlichen. Diese Kontrolle wird durch die Festlegung der untersten Altersgrenze auf 6 Jahre und die Einfügung der zusätzlichen Altersgruppe der 16—18jährigen wesentlich erschwert. Eine Erleichterung liegt nur in der Tatsache, daß eine Verletzung der Vorschriften grundsätzlich nur noch als Ordnungswidrigkeit geahndet wird. Eine bestimmte Form der Kontrolle wird im Gesetz nicht vorgeschrieben. Es bleibt dem Theaterbesitzer überlassen, wie er im einzelnen die Kontrolle durchführen will. Er kann sie auch seinem Personal übertragen, ist dann aber verpflichtet, diese Personen sorgfältig auszuwählen, sie über ihre Pflichten genauestens zu unterrichten und sie laufend im Hinblick auf die Befolgung der Anordnungen zu prüfen und zu überwachen (so z. B. OLG Oldenburg, Strafsenat Ss 291/52). Die Anforderungen, welche die Rechtsprechung an den selbst kontrollierenden Theaterbesitzer oder die von ihm mit der Kontrolle beauftragten Personen stellt, sind außerordentlich streng. Es darf hier nur an das Urteil des Kammergerichts vom 30. Januar ds. Js. (AZ 1 Ss 585.56/285.56) erinnert werden. Danach ist dem Geschäftsführer eines Filmtheaters, der bei einer Nachtvorstellung allein mit dem Einlaß zu tun hatte und den Filmbesuch einiger Jugendlicher zu einem für sie nicht freigegebenen Film bei dem großen Andrang nicht verhindern konnte, eine fahrlässig begangene strafbare Handlung vorgeworfen worden mit der Begründung, er hätte die Kassiererin unter zeitweiliger Schließung der Kasse zur Mitwirkung bei der Kontrolle heranziehen oder aber zeitweise die Eingänge schließen müssen (vergl. im übrigen die bei Berthold-Hartlieb „Filmrecht" S. 485 zitierten Entscheidungen).

Es ist die Frage aufgetaucht, ob man vom Theaterbesitzer bezw. seinen Angestellten verlangen kann, daß sie von den Kindern und Jugendlichen das Vorzeigen von Ausweisen fordern. Mickley (a. a. O. S. 18) weist darauf hin, daß der Theaterbesitzer ohne weiteres von seinem Hausrecht Gebrauch machen und den Zutritt nur den Personen gestatten dürfe, die sich ihm oder seinem Personal gegenüber ausweisen. Es ist richtig, daß der Theaterbesitzer dieses

Recht hat, was aber noch nicht bedeutet, daß ihm eine entsprechende Pflicht auferlegt werden kann. Wenn also der Theaterbesitzer bezw. die von ihm beauftragten Personen bei verantwortungsbewußter Prüfung glauben, ihren Kontrollpflichten auch ohne das Fordern von Ausweisen nachkommen zu können, so machen sie sich allein dadurch noch keiner Verletzung des Gesetzes schuldig. Im übrigen braucht sich das Fordern eines Ausweises immer nur auf Grenzfälle zu beziehen, in welchen der Theaterbesitzer bezw. sein Personal ernsthafte Zweifel haben, ob es sich um den Angehörigen einer Altersgruppe handelt, für die der betreffende Film nicht freigegeben ist. Für solche Grenzfälle gibt es freilich Gerichtsurteile, welche den Theaterbesitzer für verpflichtet halten, bei Zweifeln das Alter von Jugendlichen an Hand von Ausweisen nachzuprüfen und im Verweigerungsfalle den Jugendlichen abzuweisen (so OLG Stuttgart Ss 279/53).

Gesetz zur Änderung des Gesetzes zum Schutze der Jugend in der Öffentlichkeit *)

Vom 27. Juli 1957 (BGBl. I, 1957, 1058 ff.)

Der Bundestag hat das folgende Gesetz beschlossen:

Artikel I

Neufassung des Gesetzes zum Schutze der Jugend in der Öffentlichkeit

Das Gesetz zum Schutze der Jugend in der Öffentlichkeit vom 4. Dezember 1951 (Bundesgesetzbl. I S. 936) erhält folgende Fassung:

Gesetz zum Schutze der Jugend in der Öffentlichkeit

§ 1

(1) Kinder und Jugendliche, die sich an Orten aufhalten, an denen ihnen eine sittliche Gefahr oder Verwahrlosung droht, sind durch die zuständigen Behörden oder Stellen dem Jugendamt zu melden.

(2) Sie sind außerdem zum Verlassen eines Ortes anzuhalten, wenn eine ihnen dort unmittelbar drohende Gefahr nicht unverzüglich beseitigt werden kann. Wenn nötig, sind sie dem Erziehungsberechtigten zuzuführen oder, wenn dieser nicht erreichbar ist, in die Obhut des Jugendamtes zu bringen.

(3) Kind im Sinne dieses Gesetzes ist, wer noch nicht vierzehn, Jugendlicher, wer vierzehn, aber noch nicht achtzehn Jahre alt ist.

---

*) Die Änderungen sind kursiv gesetzt.

(4) Erziehungsberechtigter im Sinne dieses Gesetzes ist, wer das Recht und die Pflicht hat, für die Person des Kindes oder des Jugendlichen zu sorgen. In den Fällen der §§ 2 bis 4 stehen den Erziehungsberechtigten Personen über einundzwanzig Jahren gleich, die mit Zustimmung des Sorgeberechtigten (Satz 1) das Kind oder den Jugendlichen zur Erziehung, Ausbildung, Aufsicht oder Betreuung in ihre Obhut genommen haben.

§ 2

(1) Der Aufenthalt in Gaststätten darf Kindern und Jugendlichen unter sechzehn Jahren nur gestattet werden, wenn ein Erziehungsberechtigter sie begleitet.

(2) Dies gilt nicht, wenn die Kinder oder Jugendlichen

1. an einer Veranstaltung teilnehmen, die der geistigen, sittlichen oder beruflichen Förderung der Jugend dient,
2. sich auf Reisen befinden oder
3. eine Mahlzeit oder ein Getränk einnehmen, solange dazu der Aufenthalt in der Gaststätte erforderlich ist.

§ 3

(1) Kindern und Jugendlichen darf in Gaststätten und Verkaufsstellen Branntwein weder abgegeben noch sein Genuß gestattet werden. Das gleiche gilt für überwiegend branntweinhaltige Genußmittel.

(2) Andere alkoholische Getränke dürfen in Gaststätten und Verkaufsstellen zum eigenen Genuß nicht abgegeben werden

1. Kindern,
2. Jugendlichen unter sechzehn Jahren, die nicht von einem Erziehungsberechtigten begleitet werden.

§ 4

(1) Kindern und Jugendlichen unter sechzehn Jahren darf die Anwesenheit bei öffentlichen Tanzveranstaltungen nicht gestattet werden.

(2) Jugendlichen von sechzehn Jahren oder darüber darf die Anwesenheit bei öffentlichen Tanzveranstaltungen bis 24 Uhr gestattet werden, jedoch ab 22 Uhr nur in Begleitung eines Erziehungsberechtigten.

(3) Ausnahmen von Absatz 1 und 2 können auf Vorschlag der in § 2 des Reichsgesetzes für Jugendwohlfahrt vom 9. Juli 1922 (Reichsgesetzbl. I S. 633) vorgesehenen Organe (Landesjugendamt, Jugendamt) zugelassen werden.

§ 5

(1) Die Anwesenheit bei Varieté-, Kabarett- oder Revueveranstaltungen darf Kindern und Jugendlichen nicht gestattet werden.

(2) § 4 Abs. 3 gilt entsprechend.

§ 6

(1) Die Anwesenheit bei öffentlichen Filmveranstaltungen darf Kindern unter sechs Jahren nicht gestattet werden.

(2) Die Anwesenheit bei öffentlichen Filmveranstaltungen darf gestattet werden.

1. *Kindern, die sechs, aber noch nicht zwölf Jahre alt sind, wenn die vorgezeigten Filme zur Vorführung vor Kindern dieses Alters freigegeben sind und die Vorführung bis spätestens 20 Uhr beendet ist,*
2. *Kindern und Jugendlichen, die zwölf, aber noch nicht sechzehn Jahre alt sind, wenn die vorgezeigten Filme zur Vorführung vor Kindern und Jugendlichen dieses Alters freigegeben sind und die Vorführung bis spätestens 22 Uhr beendet ist.*
3. *Jugendlichen, die sechzehn, aber noch nicht achtzehn Jahre alt sind, wenn die vorgezeigten Filme zur Vorführung vor Jugendlichen dieses Alters freigegeben sind und die Vorführung bis spätestens 23 Uhr beendet ist.*

(3) Filme, die geeignet sind, die Erziehung von Kindern und Jugendlichen zur leiblichen, seelischen oder gesellschaftlichen Tüchtigkeit zu beeinträchtigen, dürfen nicht zur Vorführung vor diesen freigegeben werden.

(4) Das Recht der Freigabe von Filmen für Kinder und Jugendliche steht der obersten Landesbehörde zu. Sie kennzeichnet die Filme gemäß Absatz 2

Nr. 1 mit „Freigegeben ab sechs Jahren“,

Nr. 2 mit „Freigegeben ab zwölf Jahren“,

Nr. 3 mit „Freigegeben ab sechzehn Jahren“.

und alle übrigen Filme mit „Freigegeben ab achtzehn Jahren“.

(5) Die Absätze 1 bis 4 gelten auch für Werbevorspanne und Beiprogramme.

§ 7

(1) Kindern und Jugendlichen darf nicht gestattet werden,

1. in öffentlichen Spielhallen oder ähnlichen, vorwiegend dem Spielbetrieb dienenden Räumen anwesend zu sein, in denen Glücksspiele veranstalt werden oder in denen mit mechanischer Vorrichtung ausgestattete Spielgeräte aufgestellt sind, oder
2. in der Öffentlichkeit an Glücksspielen teilzunehmen oder öffentlich aufgestellte Spielgeräte mit mechanischer Vorrichtung zu benutzen, welche die Möglichkeit eines Gewinnes bieten.

(2) § 4 Abs. 3 gilt entsprechend.

(3) Absatz 1 gilt nicht für die Teilnahme von Kindern und Jugendlichen an Spielen mit Gewinnmöglichkeit bei Volksbelustigungen unter freiem Himmel und von vorübergehender Dauer, wenn als Gewinne nur Waren von geringem Wert verabfolgt werden.

§ 8

(1) Der Bundesminister des Innern ist ermächtigt, durch Rechtsverordnung mit Zustimmung des Bundesrates Veranstaltungen zu bezeichnen, die ihrer Art nach geeignet sind, auf Kinder und Jugendliche einen verrohenden Einfluß auszuüben.

(2) Kindern und Jugendlichen darf die Anwesenheit bei Veranstaltungen nicht gestattet werden, die in einer auf Grund des Absatzes 1 ergangenen Rechtsverordnung bezeichnet sind.

§ 9

Kindern und Jugendlichen unter sechzehn Jahren darf der Tabakgenuß in der Öffentlichkeit nicht gestattet werden.

§ 10

Veranstalter und Gewerbetreibende haben die nach den §§ 2 bis 9 für ihre Betriebseinrichtungen und Veranstaltungen geltenden Vorschriften in einer deutlich erkennbaren Form bekanntzumachen. Zur Bekanntmachung der Freigabe von Filmen dürfen sie nur die Kennzeichnung des § 6 Abs. 4 Satz 2 verwenden.

§ 11

Dieses Gesetz gilt nicht für verheiratete Jugendliche.

§ 12

Bei Kindern und Jugendlichen, die

1. gemäß § 1 gemeldet werden,
2. bei dem Aufenthalt in Räumen, der Teilnahme an Veranstaltungen oder bei Betätigungen entgegen den Vorschriften der §§ 2 und 4 bis 8 angetroffen werden oder
3. bei einem nach den §§ 3 und 9 verbotenen Genuß von alkoholischen Getränken oder Tabak betroffen werden,

leitet das Jugendamt die auf Grund der bestehenden Vorschriften zulässigen Maßnahmen ein. Der Vormundschaftsrichter kann auf Antrag des Jugendamtes oder von Amts wegen Weisungen erteilen.

§ 13

(1) Wer vorsätzlich als Veranstalter oder Gewerbetreibender

1. einer der in den §§ 2 bis 9 enthaltenen Vorschriften zuwiderhandelt und dadurch wenigstens leichtfertig ein Kind oder einen Jugendlichen in seiner körperlichen, geistigen oder sittlichen Entwicklung schwer gefährdet oder

2. Zuwiderhandlungen gegen die §§ 2 bis 9 beharrlich wiederholt,

wird mit Gefängnis bis zu einem Jahr und mit Geldstrafe oder mit einer dieser Strafen bestraft.

(2) Dem Veranstalter oder Gewerbetreibenden steht gleich, wer von diesen mit der Leitung oder Beaufsichtigung eines Betriebes oder Betriebsteiles oder ausdrücklich damit beauftragt ist, die Einhaltung der durch dieses Gesetz auferlegten Pflichten zu überwachen.

§ 14

(1) Ordnungswidrig handelt, wer

1. *als Veranstalter, Gewerbetreibender oder als Beauftragter im Sinne des § 13 Abs. 2 vorsätzlich oder fahrlässig einer der in §§ 2 bis 10 enthaltenen Vorschriften zuwiderhandelt oder*

2. *als Person über einundzwanzig Jahren vorsätzlich ein Verhalten eines Kindes oder Jugendlichen herbeiführt oder fördert, das durch §§ 1 bis 9 verhindert werden soll.*

(2) Die Ordnungswidrigkeit kann, wenn sie vorsätzlch begangen ist, mit einer Geldbuße bis zu eintausend Deutsche Mark, wenn sie fahrlässig begangen ist, mit einer Geldbuße bis zu fünfhundert Deutsche Mark geahndet werden.

Artikel II

Übergangsvorschriften

(1) Die gemäß § 6 des Gesetzes zum Schutze der Jugend in der Öffentlichkeit in der Fassung vom 4. Dezember 1951 (Bundesgesetzbl. I S. 936) geprüften Filme gelten,

1. *soweit sie als „Jugendfördernd" anerkannt sind, als „Freigegeben ab sechs Jahren",*

2. *soweit sie als „Geeignet zur Vorführung vor Jugendlichen" anerkannt sind, als „Freigegeben ab zwölf Jahren" und*

3. *soweit sie zur Vorführung ab sechzehn Jahren zugelassen sind, als „Freigegeben ab sechzehn Jahren".*

(2) Die oberste Landesbehörde kann über die Freigabe eines auf Grund des § 6 des Gesetzes zum Schutze der Jugend in der Öffentlichkeit in der Fassung vom 4. Dezember 1951 (Bundesgesetzbl. I S. 936) anerkannten Films gemäß § 6 in der Fassung des Artikels I dieses Gesetzes erneut entscheiden.

Artikel III

Aufhebung von Rechtsvorschriften

§ 16 Abs. 1 Nr. 1 und 2 und Abs. 3 und § 30 Abs. 2 des Gaststättengesetzes vom 28 April 1930 (Reichsgesetzbl. I S. 146) in der Fassung der Gesetze zur Änderung des Gaststättengesetzes vom 3. Juli 1934 (Reichsgesetzbl. I S 567) vom 9. Oktober 1934 (Reichsgesetzbl. I S 913) und vom 27 September 1938 (Reichsgesetzbl. I S. 1245) sowie der Verordnung zur Änderung gewerberechtlicher Vorschriften vom 9. Oktober 1941 (Reichsgesetzbl I S. 635) und der Verordnung zur Änderung des Gaststättengesetzes vom 24. November 1941 (Reichsgesetzbl. I S. 769) werden aufgehoben.

Artikel IV

Geltung im Land Berlin und im Saarland

(1) Dieses Gesetz gilt nach Maßgabe des § 13 Abs. 1 des Dritten Überleitungsgesetzes vom 4. Januar 1952 (Bundesgesetzbl. I S. 1) auch im Land Berlin. Rechtsverordnungen, die auf Grund dieses Gesetzes erlassen werden, gelten im Land Berlin nach § 14 des Dritten Überleitungsgesetzes.

(2) Dieses Gesetz gilt nicht im Saarland.

Artikel V

Inkrafttreten

Dieses Gesetz tritt am 1. Oktober 1957 in Kraft.

Die verfassungsmäßigen Rechte des Bundesrates sind gewahrt.

Das vorstehende Gesetz wird hiermit verkündet.

Bonn, den 27. Juli 1957.

Der Bundespräsident
Theodor Heuss

Der Bundeskanzler
Adenauer

Der Bundesminister des Innern
Dr. Schröder

Der Bundesminister der Justiz
von Merkatz

Kolibri 360 GmbH
Ferdinand-Jühlke-Straße 7
99095 Erfurt, Deutschland
produktsicherheit@kolibri360.de